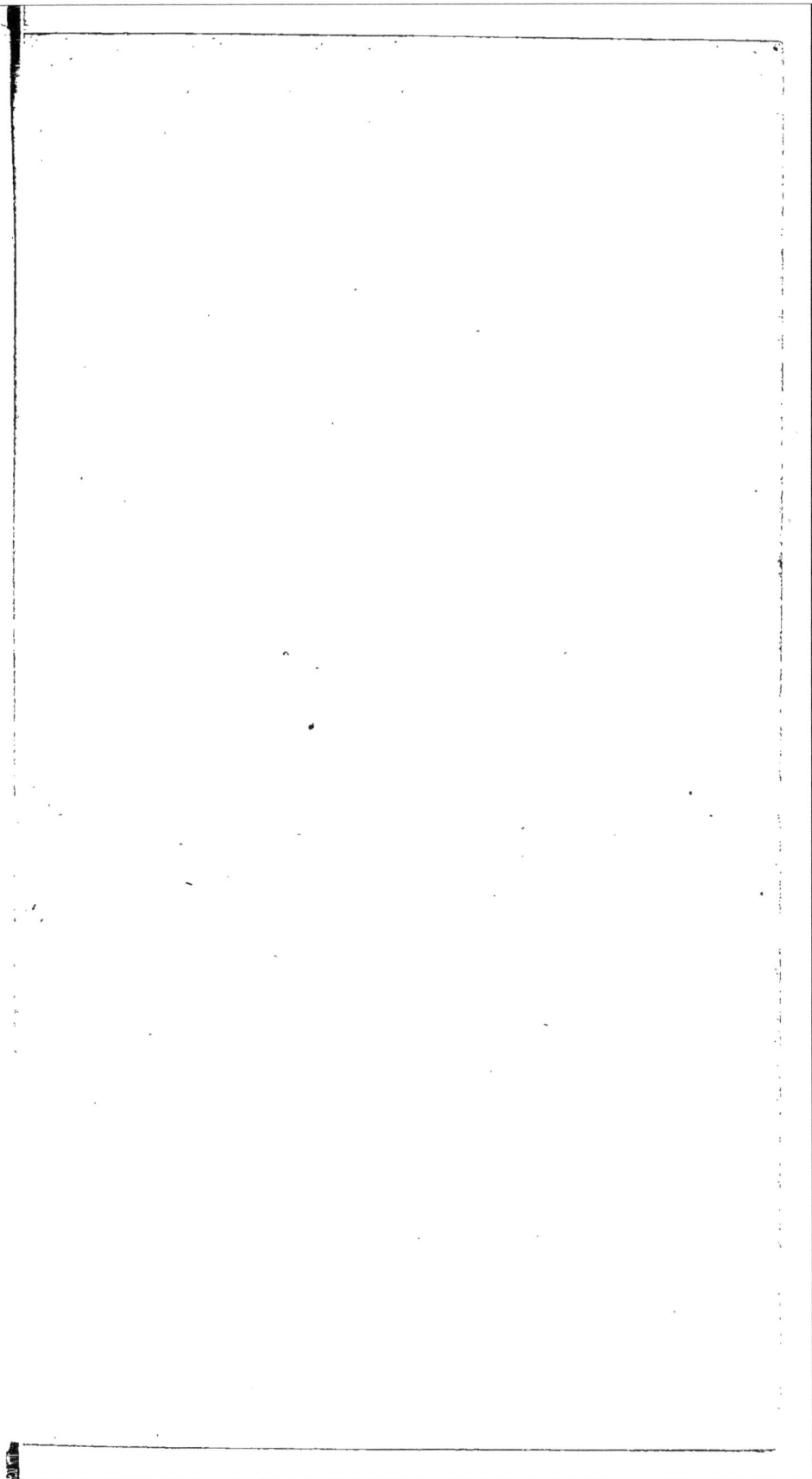

PRAIRIES

ARTIFICIELLES,

OU

LETTRE A MONSIEUR DE ***

Par M. de la Salle
de l'Etang, conseiller
au Présidial de Reims.

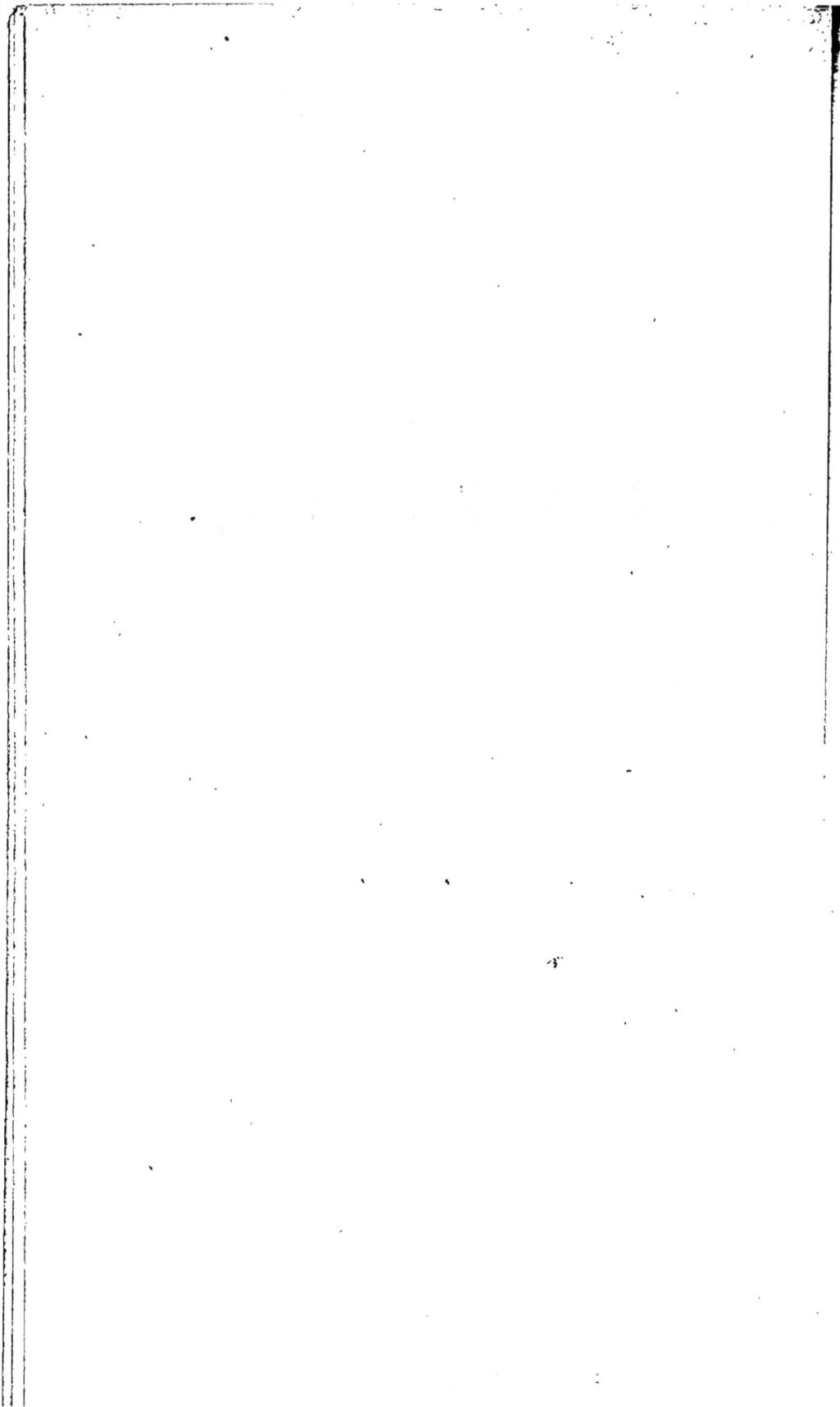

PRAIRIES

ARTIFICIELLES,

OU

LETTRE A MONSIEUR DE ***

Sur les Moyens de fertiliser les Terreins secs & stériles dans la Champagne & dans les autres Provinces du Royaume.

A PARIS,

MDCCLVI.

PRAIRIES

ARTIFICIELLES,

OU

LETTRE A MONSIEUR DE ***,

Sur les Moyens de fertiliser les Terreins secs & stériles dans la Champagne & dans les autres Provinces du Royaume.

VOUS AVEZ VOULU, Monsieur, que je misse sur le papier les idées que j'ai eu l'honneur de vous proposer,

A

2 PRAIRIES

il y a quelque temps, en converſant avec vous ſur les moyens de fertiliſer la Champagne & les autres Provinces du Royaume, qui ont les mêmes cauſes de ſtérilité. Je l'entreprends aujourd'hui, parce que la moindre de vos volontés ſera toujours pour moi un ordre abſolu. Vous ne vous attendez point à une diſſertation élégante, ni à un diſcours tourné avec agrément; vous ſavez qu'un Cultivateur qui rend compte de ce qu'il a

fait & essayé lui-même, n'a
pas le temps de polir un
écrit; il se hâte de livrer sa
pensée; & tout ce qu'on
peut exiger de lui, c'est qu'il
la donne avec netteté & pré-
cision; je serai plus que sa-
tisfait de mon entreprise,
si elle me donne auprès de
Vous, le mérite de l'obéis-
sance, & auprès du Lecteur,
celui de quelque vue du bien
public.

❀❀❀❀❀❀❀❀❀ ❀ ❀❀❀❀❀

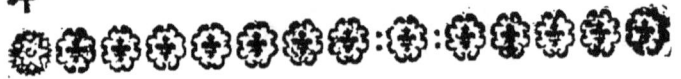

PREMIERE PARTIE,

Des Moyens de fertiliſer les Ter-
reins ſecs & ſtériles , dans la
Champagne & dans les autres
Provinces du Royaume.

───────────────

I.

LA CHAMPAGNE n'a de
fertilité que dans les terroirs
qui ſont voiſins de la Seine ,
de la Marne , de l'Aiſne &
de l'Aube , rivieres qui tra-
verſent une partie de cette
Province.

Ces différents terroirs n'en

compofent pas la moitié ;
tout le refte eft dans une
ftérilité déplorable , & ne
produit que quelques avoines , des farrazins & très-
peu de feigles.

Les caufes de la fertilité
dans les cantons abondans
que nous venons d'indiquer,
font les prairies & les pâturages qui accompagnent les
rivieres , & qui fervent à
nourrir des beftiaux def-
quels proviennent les a-
mendemens & les engrais
néceffaires pour les terres.

Généralement parlant ;
dans tous les pays fertiles de
cette Province, il n'y a point
d'autre principe de fertilité , que les prairies &
les paturages qui s'y trouvent.

Il suit de-là que , si en
Champagne le fonds de terre , dans les endroits les plus
stériles , est toujours suf-
ceptible d'amélioration par
les engrais convenables, il
ne s'agit plus que de trouver les moyens de faire ces
engrais ; après quoi , cet-

te Province payera avec uſure, dans ſes plaines les plus arides, les travaux & les ſueurs du Laboureur.

II.

Il y a dans la Champagne trois ſortes de terres ; les terres griſes, les terres blanches, & les terres rouffes ; car il y en a peu de ſablonneuſes.

Les terres griſes ont par elles-mêmes un fond de fécondité parfaite, quand on y a répandu les engrais convenables.

Il en eſt de même des terres blanches, qui produiſent le plus beau froment, le plus peſant, & en grande quantité.

Les terres rouſſes ſont celles qui ont le moins de conſiſtance & de ſucs nourriciers, même avec le ſecours des engrais ; mais elles ont un avantage particulier , c'eſt que les ſainfoins s'y plaiſent par préférence, & y croiſſent abondamment, tandis qu'ils ne réuſſiſent que médiocrement dans les terres blanches.

Ces différentes propriétés des terreins, ont donné lieu à l'idée de rendre toutes ces terres fécondes les unes par les autres , en mettant en prairies de sainfoin les terres rouffes, pour avoir d'abord dequoi nourrir des beftiaux , & enfuite tirer de ces beftiaux les engrais néceffaires pour fertilifer les terres grifes & les blanches.

Voilà toute mon idée ; il ne s'agit que d'entrer dans

quelques détails fur les moyens de l'exécuter.

Nous allons commencer par les proportions des prairies au bétail, & du bétail à l'engrais.

III.

Il eft d'expérience qu'en Champagne, il faut, pour la proportion des prairies à l'engrais, employer à peu près le quart des terres que le Laboureur a à cultiver; de maniére que fi l'on exploite une terre de 400 arpens, il y aura à peu près

100 arpens à mettre en fainfoin, & le reste sera em-
ployé en terre de labour ;
dont 100 feront en feigle
ou froment, 100 en mars,
& 100 en jachéres ou ver-
faines.

Car en Champagne, les
terres labourables font par-
tagées ainfi en trois parties,
qu'on appelle *Roies* ; il y
a la roie des bleds, qui
comprend tout ce qui fe
feme avant l'hiver : la roie
des mars qui comprend les
orges, les avoines & tout

ce qui se seme au prin-
temps, & enfin la roie des
versaines où on ne seme
rien, mais qu'on laboure
plusieurs fois pendant l'été,
afin de mûrir la terre &
de la bien préparer à rece-
voir les semences qu'on y
jette en automne.

Il reste à prouver, qu'on
ne peut mettre moins que
le quart de la ferme en
prairie.

IV.

Tout le secret, toute l'é-
conomie d'une bonne & ri-

che agriculture confifte à proportionner les amende-mens au befoin des terres, c'eft-à-dire que l'objet ef-fentiel du Cultivateur eft de fe mettre en état de faire tous les ans des amen-demens en fuffifante quan-tité , pour qu'ils puiffent être renouvellés lorfque leur effet commencera à dimi-nuer. Plus un pays eft fec & ftérile , plus le fiftême d'amendemens demande de pâturages & de prairies.

En Champagne , les a-

mendemens font d'autant
plus forts que les terres y
font plus feches que par
tout ailleurs. Leur effet dure environ neuf ans : après
quoi , les terres retombent
dans leur premier état de
ftérilité.

Pour prévenir cette dé-
cadence , il faut tous les
ans amender le tiers de la
roie qui fe trouve en bleds.
Par ce moyen , il arrivera
qu'à la neuviéme année ,
tout un corps de ferme ,
c'eft-à-dire , les trois roies

qui le compofent, fe trou-
veront amendées entiére-
ment ; & qu'après cela, on
n'aura plus qu'à revenir fur
les mêmes terres, en fui-
vant la même proportion
d'amendement qu'on aura
fuivie la premiere fois, &
qui, la feconde fois, aura
d'autant plus d'effet, que
la terre confervera encore
quelque refte de fa pre-
miere amélioration.

Or, il eft d'expérience
que pour avoir en Cham-
pagne une quantité d'amen-

demens fuffifante au tiers de la roye qui fe trouvera en bleds, on ne peut prendre moins que la quatriéme partie, ou portion, d'un corps de ferme, pour en faire une prairie ; puifque c'eft le feul moyen de nourrir & d'élever une quantité de beftiaux, capable de procurer les amendemens qu'on vient de prefcrire.

Il eft fi effentiel de fe mettre en état de renouveller les amendemens, lorfque leur effet commence à s'affoiblir, s'affoiblir, qu'on n'héfite point d'avancer que fi cette quatriéme portion qu'on propofe, n'étoit pas encore fuffifante pour parvenir à ce point, il faudroit l'augmenter, jufqu'à ce qu'on y foit parvenu.

On objectera qu'en faifant une diftraction fi confidérable dans un corps de ferme, pour la mettre en prairies, le Laboureur fe trouvera privé du produit des bleds & mars que ce quatriéme lui rapportoit,

B

& que par conféquent il
fouffrira un grand dom-
mage.

Mais 1°. Le feul produit
qu'il retirera des beftiaux
& moutons qu'il pourra
nourrir en plus grande
quantité, le dédommagera
avec ufure.

2°. Les amendemens con-
fidérables qu'il mettra fur
les terres qui lui refteront,
& qu'il pourra renouveller
tous les neuf ans, mettront,
en peu d'années, le refte de
fes terres en état de lui rap-

porter trois à quatre fois plus qu'elles ne lui rapportoient toutes ensemble. C'est un proverbe en Champagne, que mille arpens de terres n'en valent pas cent qui sont bien cultivés & bien amendés.

Voyons maintenant comment on peut établir cette ~~pratique~~ à peu de frais.

V.

La premiere année, il suffira d'acheter ce qu'il faut de semences de sainfoin, pour

B ij

la cinquiéme portion du quart, ou environ; car il fera plus à propos de partager ce quart en cinq années que de le femer en moins de temps : les engrais & les nourris ne pouvant fe faire que par dégrés.

La deuxiéme année, il ne fera plus queftion d'acheter des femences de fainfoin, ce qu'on en aura recueilli, l'année précédente, mettra le Laboureur en état de femer le fecond cinquiéme, de façon qu'en cinq ans il pourra ainfi, & à très-peu de frais, avoir fa prairie complette.

Le fainfoin ne dure que cinq à fix ans, après quoi il faut le retourner avec la charue. Mais il a cet avantage, que quand il a été pendant quelques années dans une terre, il la netoie parfaitement de toutes les mauvaifes graines & racines qu'elle pouvoit contenir; enforte que pour peu qu'on y jete d'amen-

demens, elle produira toujours de très-bons feigles &
de bon froment, en beau-
coup plus grande quantité
qu'elle ne l'auroit fait, fi
elle n'eût pas été en fainfoin.

VI.

Comme il eft néceffaire
& indifpenfable de renou-
veller les fainfoins tous les
cinq à fix ans, il faudra faire ce renouvellement dans
un autre quart de la ferme,
& aller ainfi en continuant,
jufqu'à ce qu'on foit parve-

nu au dernier quart , pour
enfuite recommencer par
où on aura commencé la
premiere fois : de forte
qu'en 20 ou 24 ans la prairie artificielle , fe fera pro-
menée dans toute l'étendue
des terres qu'on voudra mettre en bonne culture.

Cependant , comme il
peut arriver que dans un
corps de ferme fitué dans
la mauvaife Champagne , il
fe trouve peu de terres pro-
pres au fainfoin ; il peut arriver auffi que la prairie ne

puisse point parcourir exactement les quatre portions de la Ferme, dans l'ordre de succession que nous venons d'indiquer.

En ce cas, après avoir choisi d'abord les terres qui lui seront les plus convenables, on en choisira encore une portion qui sera égale au quart, ou à la moitié du quatriéme ; parce qu'on pourra revenir l'année suivante aux premieres terres qui auront déja été en sainfoin, attendu qu'il suffit qu'elles

ayent été défrichées & re-
nouvellées par une feule
récolte d'avoine ou d'orge
qu'on y aura femé.

Ainfi, en fuppofant que
le quart en fainfoin eft de
100 arpens, il fuffira que
dans le refte du corps de la
ferme, il fe trouve environ
25 ou 50 arpens pour faire
le renouvellement des fainfoins, lefquels alors ne cir-
culeront plus dans les 400
arpens qui compofent la to-
talité de la ferme : mais
dans 125 feulement, ou

tout au plus dans 150; les
25 ou les 50 de surplus suffi-
fant pour commencer les
renouvellemens, & les con-
tinuer d'année en année,
felon le befoin.

Il feroit bien rare en
Champagne, que dans un
corps de ferme, fi peu confidérable qu'on pût le fup-
pofer, il ne fe trouvât pas
des terres convenables au
fainfoin & même en fuffi-
fante quantité pour bien
faire valoir le refte; l'expérience apprend qu'il vient

facilement partout, même
fur le fommet des monta-
gnes & parmi les pierres.

VII.

Tandis qu'on établit la
prairie, il faut fonger à for-
mer la baffe-cour, & à fe
procurer une quantité de
vaches, brebis & moutons
proportionnée à la prairie,
pour croître & augmenter
avec elle, & felon les récoltes de pailles & de fourages, qui augmenteront tous
les ans avec les amende-
mens.

Cet objet d'augmenta-
tion coutera peu au Laboureur propriétaire, parce qu'il
n'eſt queſtion pour augmenter les beſtiaux en proportion avec la prairie & les
fourages, qui s'augmentent
chaque année, pendant quatre ans, que d'élever & de
nourrir pendant le même
temps, tout ce qui naîtra
dans la baſſe-cour, ſans en
rien vendre.

S'il avoit quelques achats
nouveaux à faire, ils ne pourroient concerner que les

moutons & les brebis: achats qu'il feroit peu à peu & par dégrés, jufqu'à ce qu'il fût arrivé à la proportion de fes fourages.

Quand il y fera une fois parvenu, il ne s'agira plus que de l'entretenir d'année en année, felon l'ufage pratiqué dans la Province, qui eft de vendre les moutons & brebis, lorfqu'ils ont cinq à fix ans, & d'en acheter d'autres qui n'aient qu'un an.

Un laboureur en Champagne qui posséde & fait valoir 100 arpens de terre peut bien avoir cinq à six vaches, & environ 50 à 60 brebis & moutons; que pendant quatre à cinq ans il garde tout ce qui en proviendra; au bout de ce temps, il verra sa basse cour triplée & quadruplée sans dépense.

VIII.

Comme il est important que la basse - cour de ce laboureur qui posséde & fait valoir 100 arpens de terre

soit augmentée jusqu'au tri-
ple & quadruple de ce qu'elle étoit pour pouvoir se procurer les abondantes pro-
ductions qui sont annon-
cées, il faudra qu'à proportion il augmente & aggran-
disse ses écuries & bergeries
& même sa grange, c'est-à-
dire que s'il n'avoit qu'une
écurie ou étable pour cinq
ou six vaches ou bœufs ,
il lui en faut une qui puisse
en contenir vingt ou tren-
te ; & que s'il n'avoit qu'une
bergerie pour 50 à 60 mou-

tons & brebis, il lui en faudroit une qui puiffe en contenir deux ou trois cens.

Cette dépenfe ne fera pas
auffi forte qu'on pourroit fe
l'imaginer : elle fera même
très-peu de chofe en com-
paraifon des profits confidérables qu'elle procurera
au Laboureur. C'eft à lui de
prendre fes précautions, &
à ufer des reffources du pays
qu'il habite.

En Champagne ces for-
tes de bâtiments coutent
peu. La premiere année, on
difpofe

difpofe les bois de charpen-
te qu'un Laboureur peut
charrier & aller chercher
lui- même. La feconde ,
l'on fait faire les carreaux ,
c'eft-à-dire , des mottes de
terre pêtries & durcies au fo-
leil: on envoie auffi chercher
les blocailles: &, la troifiéme
année, on fait la dépenfe de
la main-d'œuvre. En s'y pre-
nant , ainfi & n'exécutant
cette dépenfe que par partie,un laboureur qui eft propriétaire de 400 arpens peut
la faire fans s'incommoder.

C

Pour ne rien hazarder, il n'entreprendra cette dépenſe qu'après s'être aſſuré de la réuſſite & du renouvellement de ſa prairie qu'il doit regarder comme le fondement & la baſe de toutes ſes entrepriſes.

IX.

Dans les articles précédents, on n'a propoſé les établiſſemens de prairies & les augmentations de baſſecour & d'écurie & de bergerie, qu'aux laboureurs qui font propriétaires ; on ne les a point proposés aux laboureurs qui ne font que fermiers. Car comment pourroient-ils entrer dans ces projets & s'y intéreffer, n'ayant que des baux de fix à neuf ans, au-delà defquels ils ne font pas furs de refter dans leurs fermes ?

Il s'agit à préfent de donner aux propriétaires qui louent à des fermiers le moyen d'améliorer leurs fermes en fuivant le plan que nous venons de propofer aux propriétaires qui font valoir leurs terres par eux-mêmes.

X.

Quand un propriétaire voudra faire par son fermier les entreprises dont il s'agit, il attendra qu'il ait à renouveller son bail ; pour lors il ne le renouvellera que pour six ans.

Dans le courant de ce bail, il fera les établissemens de la prairie, de la basse-cour, & les augmentations des bâtiments : & il les fera avec les précautions & attentions qui ont été détaillées ci-deſſus, en parlant du Laboureur propriétaire.

Pour ſe rendre maître d'exécuter toutes ſes entreprifes, il s'en réfervera le droit dans le bail : ce qui ne pourra occaſionner aucune diminution, puiſque, quoiqu'il ſoit queſtion dans le courant de ce bail de mettre en prairies le quart des terres qui peuvent compoſer la ferme, le profit de cette prairie étant employé

à nourrir & à élever les beſtiaux & moutons que le propriétaire y mettra & qui
augmenteront à meſure que
lés ſainfoins, les pailles &
fourages augmenteront, il
s'enſuit que le fermier ſera
bien dédommagé par les
plus grands amendements
qu'il ſera en état de faire, & qui lui procure-
ront beaucoup plus de bleds
qu'il n'en recueilloit auparavant.

Dans le bail de ſix ans,
le propriétaire chargera le

fermier d'élever, de nourrir & de conserver tout ce qui proviendra des bestiaux & moutons qu'il aura achetés, & de lui en donner exactement le détail tous les ans, & autant de fois qu'il le requerera.

Cela n'empêcha pas cependant le fermier de tirer quelque profit sur les vaches, dont il aura le laitage, & sur les moutons & brebis, dont il aura la moitié des laines, le Propriétaire pouvant se réserver l'autre moitié. Il conviendra que le propriétaire abandonne ces profits au fermier, pour l'engager davantage à concourir à tout ce qui pourra favoriser à l'augmentation de son corps de ferme.

Ainsi dans le renouvellement de ce bail de six ans qui donnera tout le temps au propriétaire de faire son nouvel établissement, bien loin qu'il puisse être question de diminution, il n'y aura que de l'avantage tant du côté du fermier que du

côté du propriétaire, pour-
vu que celui-ci prenne les
précautions dont nous ve-
nons de marquer le détail.

XI.

Le bail de six ans étant
fini, l'établiſſement de la
prairie étant fait, la baſſe-
cour étant bien montée en
beſtiaux & en moutons,
l'augmentation des berge-
ries, écuries & de la grange
étant achevée, c'eſt pour
lors que le propriétaire ſe
déterminera à confier ſa baſ-

se-cour à un fermier qu'il choisira, & qu'il trouvera d'autant plus facilement qu'il ne sera question pour le fermier que d'avoir à soi des chevaux & les ustenciles nécessaires pour l'exploitation de la ferme, comme charues, charettes, chariots &c, sans qu'il s'agisse pour lui d'aucune autre dépense.

Le propriétaire comprendra sa basse-cour dans le nouveau bail & dans le loyer de sa ferme, lequel sera augmenté à proportion

de la quantité de beftiaux
& moutons qui la compo-
fent.

Dans ce nouveau bail, qui
ne fera pas moins de neuf
ans, il fera ftipulé

1°. Que le fermier fera
tenu d'amender tous les ans
le tiers de la roie qui fe trouvera en bled, afin que fon
corps de ferme puiffe être
amendé entiérement, dans
le courant dudit bail ;

2°. Qu'il entretiendra la
baffe-cour telle qu'on la lui
a confiéé, & dans tout le dé-

tail qui fera compris dans le
bail, tant à l'égard des beftiaux qu'il fera néceffaire de
remplacer par des nourris
lorfqu'ils viendront hors d'a-
ge, qu'à l'égard des mou-
tons & brébis dont il entretiendra le même nombre, en
vendant ceux qui auront l'a-
ge, & en les remplaçant par
d'autres qu'il achetera, à fes
frais fans doute, puifqu'il
aura eu pour lui tout l'argent & le profit de ce qu'il
aura vendu;

3°. Qu'à la fin du bail, la

basse-cour se trouvera dans le même état qu'elle lui aura été confiée, & même augmentée à proportion du produit des pailles & fourages qui doivent augmenter à proportion des amendemens qu'on aura faits ;

4°. Que la prairie sera renouvellée & toujours entretenue dans la même quantité ;

5°. Que tous les ans il donnera un état de la prairie, de la basse-cour & de leur renouvellement, avec

les certificats d'amende-
ments.

6°. Il ajoutera que s'il
manquoit à l'exécution d'aucune de ces conditions, qui
font toutes effentielles, le
bail ceffera, & que le Propriétaire aura le droit & la
liberté de prendre un autre
fermier. On pourra encore
inférer dans le bail d'autres claufes & conditions, tel-
les que le propriétaire les ju-
gera à propos, en vûe d'af-
furer davantage l'entretien
de la prairie & de la baffe-
cour.

Avec toutes ces précautions, un propriétaire ne risquera rien en louant ses terres, & en confiant sa basse-cour à un Fermier, parce que celui-ci aura lui-même grand intérêt de la bien entretenir, le produit étant pour lui. Il est d'usage dans le commerce de confier des fonds considérables à des commerçans qu'on n'a jamais vûs, & qui sont quelquefois éloignés de plus de 3 à 400 lieues; à plus forte raison peut-on se confier à un Fermier qu'on a, pour ainſi dire, ſous ſes yeux, de la conduite duquel on peut ſi facilement s'inſtruire, & qui donne pour ſûreté ſes chevaux & ſes uſtenciles de ménage & de labourage, & outre cela une dépouille entiere de ſa ferme.

XII.

La ſeule location des beſtiaux & moutons qu'il aura achetés pour monter ſa baſſe-cour, lui rapportera au moins 15 pour 100, en comprenant

comprenant ce produit dans le prix du bail ; c'eft déja une augmentation confidé-rable, fur laquelle il peut compter : il eft facile de le démontrer.

Dans la fuppofition qu'il foit queftion de 300 bêtes blanches, & d'une trentai-ne de vaches, dont il ne faut acheter d'abord qu'en-viron une douzaine, puif-qu'en gardant les geniffes qui peuvent en provenir, en trois ou quatre ans on parviendra à ce nombre,

D

l'achapt de tous ces be-
ftiaux ne reviendra pas à la
fomme de trois mille livres.
Cependant ces fortes de
locations fe faifant tou-
jours à raifon de moitié
pour les bêtes blanches ,
c'eft-à-dire , de moitié de
ce qu'elles peuvent produire , & d'environ 6 à 7 liv.
par chacune vache , il eft
évident que toute cette
quantité de beftiaux doit
être louée au moins 500
liv. par an.

Ces fortes de locations

font affez ordinaires dans les campagnes. Beaucoup de perfonnes qui n'ont ni terres ni fermes, achetent des vaches & des moutons pour les louer à des fermiers & à des laboureurs ; la location s'en fait toujours à raifon du prix ci-deffus ; elle eft d'ufage.

Ce petit commerce, qui rapporte environ 15 pour 100, doit d'autant plus tranquillifer le Propriétaire & le déterminer à l'entreprendre, qu'il le fera avec son fermier beaucoup plus sûrement qu'avec tout autre, & avec beaucoup plus d'avantages à tous égards, ayant par surcroît tous les fumiers qui seront portés sur ses terres, & qui feront pour lui un objet infiniment important.

Comme il sera question de faire des amendemens tous les ans en suffisante quantité, & que le Fermier sera tenu dans le courant de son bail de neuf ans, d'amender entièrement tout le corps de ferme, & d'employer ainſi tous les fumiers qui proviendront des beſtiaux & moutons qu'il tiendra à loyer de ſon maître, il en réſultera une augmentation en valeur tant du fonds de la ferme, que du prix de la location.

Si on veut y faire quelque attention, on verra qu'il n'eſt point de branche de commerce, quelle qu'elle puiſſe être, qui ſoit en état de rapporter un intérêt auſſi ſolidement établi,

& auffi confidérable que celui de ce commerce de location entre le Fermier & le Propriétaire. Le Propriétaire ne fera pas long-temps fans jouir, puifqu'il n'eft queftion que de fix années pour faire fes difpofitions & prendre fes arrangememens, comme il a été dit ci-deffus.

Si tout ce que nous avons dit a befoin d'être confirmé par des exemples, en voici.

XIII.

Un Particulier en Champagne, qui posséde un corps de ferme d'environ 225 arpens, ne l'affermoit que 300 liv. par an, somme dont il étoit même très-mal payé.

Dans ce corps de ferme il n'y avoit que 10 à 12 arpens tant prés que marais. Le Fermier n'avoit que cinq à six vaches, & environ une trentaine de moutons ; sa basse-cour ne pou-

D iv

voit être plus confidérable
à caufe de la modicité des
pâturages ; & tous les ans
il ne pouvoit amender que
deux ou trois arpens de
terre , dans la quantité de
225. Il y en avoit une
partie qui n'étoit jamais la-
bourée, parce que faute d'a-
mendemens , elle auroit
rapporté à peine les fe-
mences qu'on y auroit rif-
quées.

Ce particulier qui faifoit
quelquefois la vifite de fa
ferme pour examiner le pro-

duit des terres, ayant obfervé que celles qui étoient a-
mendées rapportoient trois
à quatre fois plus que celles qui ne l'étoient pas ; &
que fi on faifoit de plus
grands amendemens, fa ferme augmenteroit confidé-
rablement, il prit le parti
de la retirer des mains du
Fermier, & de la faire valoir par lui-même.

Ayant donc compris que
le produit ne dépendoit que
des pâturages & des amen-
demens, qu'il s'agiffoit de

les proportionner au be-
foin des terres, & de fe
mettre en état de pouvoir
les renouveller lorfque leur
effet commenceroit à dégé-
nerer, il n'a point héfité de
mettre en prairie le quart
des 225 arpens, dont fa ferme eft compofée, en y
comprenant ce qui étoit
déja en prés : il a femé du
fainfoin, en obfervant ce
qui a été dit à leur article.

Après avoir été bien af-
furé de leur réuffite & de
la poffibilité de les renou-

veller, il a fait l'augmentation des écuries & des bergeries, en obfervant encore ce qui a été dit à leur article.

Enfin, au lieu de 5 à 6 vaches, & d'une trentaine de moutons que fon fermier nourriffoit, toute cette quantité confidérable de pâturages artificiels l'a mis en état d'avoir 30 vaches, & jufqu'à 300 moutons : de façon qu'il eft parvenu à amender tous les ans le tiers de la roie qui fe trou-

ve en bleds, & à pouvoir
amender dans l'espace de
neuf ans tout son corps de
ferme, & en renouveller en-
suite les amendemens d'année en année, pour l'entretenir toujours dans la même valeur.

Si aujourd'hui ce parti-
culier vouloit louer son
corps de ferme, au lieu de
300 liv. que son fermier
lui en rendoit avec peine, il
trouveroit à l'affermer jusqu'à quinze cents livres
par an, en comprenant

dans le loyer toute la basse - cour : ce qu'il n'hésite-
roit pas de faire, s'il se
trouvoit dans le cas de ne
pouvoir plus faire valoir
par lui-même.

Voilà donc un corps de
ferme plus que quadruplé
en valeur & en revenu, au
moyen des pâturages arti-
ficiels. (*a*)

(*a*) Quelques personnes qui ont
lû le Manuscrit de l'Auteur, sans sa
participation, ont prétendu le criti-
quer en assurant que l'amélioration
de la terre en question avoit été fort
coûteuse au Propriétaire. Mais ils au-

62 PRAIRIES

Qu'on ne dife pas que cette augmentation n'eft que factice & fondée toute fur l'art & l'induftrie.

Qu'importe au Propriétaire, pourvû que l'effet

---

roient dû obferver que la dépenfe a été néceffairement plus confidérable pour lui qu'elle ne le fera pour tout autre ; parce qu'il a été obligé de faire les effais, & de porter tous les frais des premieres expériences dont les autres feront difpenfés. D'ailleurs, quelque coûteufe qu'on fuppofe cette amélioration, l'argent que le Propriétaire y a employé lui a toujours rapporté dix, douze, quinze & quelquefois vingt pour cent : ce que les Critiques ne favoient pas.

n'en foit pas moins réel,
& qu'il puiffe toujours fe
maintenir & refter dans le
même état? Or il le peut,
pourvû qu'on entretienne la
même quantité de prairies,
& la même baffe-cour ; &
un propriétaire le peut toujours, foit qu'il faffe valoir,
foit qu'il loue fa ferme.

Veut - on encore une
preuve plus frappante &
plus circonftanciée?

Le même Particulier a
dans fon corps de ferme,
une piéce de 24 arpens en

terres blanches , c'eſt-à-dire , de la même nature que
les plus mauvaiſes qu'il y
ait en Champagne. Elle é-
toit ſi ſtérile & ſi ſéche ,
qu'à peine elle rapportoit
ſa ſemence , ſoit en ſeigle ,
ſoit en avoine. Quand on
la ſemoit , on y jetoit 24
ſeptiers de ſeigle : elle en
rendoit 24 : & le Labou-
reur avoit de reſte ſon travail & ſa peine. Actuelle-
ment qu'elle a été amendée
pluſieurs fois entièrement ,
elle eſt en état de rapporter

ter jufqu'à 200 feptiers de froment, au moins.

Si on compare ce produit avec le produit antérieur, qui n'étoit que d'environ 24 à 25 feptiers de feigle, en mettant le feigle, mefure de Champagne, du poids de 140 liv.; à raifon de 5 liv. & le froment à raifon de 10 liv. conformément au prix ordinaire, il eft évident qu'aujourd'hui cette piéce de terre peut rapporter dans les années où on l'amendera

E

pour le froment, environ quinze fois plus qu'elle ne rapportoit auparavant.

Il eft donc certain par cet exemple, que ce n'eft point la terre qui manque en Champagne, mais l'engrais qui manque à la terre ; & par-conféquent, que tous ceux qui ont en Champagne des domaines, dont la plus grande partie fe trouve inculte, en retireroient un revenu beaucoup plus confidérable, s'ils prenoient le parti d'exécuter ce qui vient de leur être proposé.

Les fuccès de ces tentatives, par rapport aux terres qui environnent les villages infpireroient de la confiance aux Cultivateurs : bien - tôt leurs entreprifes deviendroient plus hardies, & porteroient la fécondité dans les endroits les plus défefpérés pour l'agriculture.

XIV.

Il y a dans la Champagne des villages dont les

E ij

terroirs extrêmement éten-
dus, contiennent plusieurs
lieues : ce sont de vastes plaines dans lesquelles on n'ap-
pèrçoit pas même un buis-
son ; presque toutes les terres y sont incultes, il n'y a
que quelques avoines iso-
lées, quelques sarrasins que
les Laboureurs y ont ris-
qués à tout évenement ,
lorsqu'un hiver peu rude
leur a donné occasion d'y
faire quelque labour par
maniere d'amusement, dans
un temps de repos.

Ce n'eft pas tant la ftérilité & la féchereſſe de ces plaines qui occaſionnent leur défaut de culture, que l'éloignement dans lequel elles ſe trouvent des villages dont elles dépendent ; il faut faire un voyage pour aller labourer, un autre pour aller femer, un autre pour aller moiſſonner, c'eſt-à-dire recueillir, tout au plus, ce qu'on y a jeté de femences. Il n'y a que les plus actifs des Laboureurs, ou ceux qui n'ont que peu

de terres autour du villa-
ge qui puiſſent ſe réſoudre
à ces labours éloignés.

Les Seigneurs ont quel-
quefois pluſieurs milliers
d'arpents qui ne compoſent
aſſez ordinairement qu'un
ſeul corps de ferme ; le fermier ou le Seigneur s'il fait
valoir par lui-même, ne peut
pas en exploitter la ſixiéme
partie : il ne laboure que les
terres qui ſont voiſines du
château, le reſte eſt aban-
donné, à cauſe du grand
éloignement, ou ſe loue ;

fols l'arpent à ceux qui veulent bien s'en charger.

L'exemple qui a été rapporté dans l'article précédent fait voir qu'on pourroit tirer parti de tous ces déferts, & qu'ils rapporteroient prodigieufement, s'il étoit poffible de les amender conformément à leur befoin.

Or il n'eft pas impoffible d'y parvenir : il ne feroit queftion que de partager ces domaines en plufieurs corps de ferme chacun de

400 arpents, dont le quart feroit mis en prairie pour faire valoir le refte.

Dans la fuppofition qu'un domaine feroit compofé de 1200. arpents, n'étant pas poffible qu'un fermier puiffe faire valoir toute cette quantité ; ni de renfermer & confommer dans le même endroit le produit de 300. arpents de prairie, on partageroit ce domaine en trois parties égales.

Avant que d'y conftruire des écuries, bergeries, grange & corps de logis , pour ne rien hazarder , on s'affureroit d'abord de l'établiffement de la prairie , qui eft la baze & le fondement de tout.

Quand on feroit bien affuré de fa réuffite, on bâtiroit peu à peu , enfuite on mettroit un Fermier dans chaque ferme , en ne lui faifant d'abord qu'un bail de fix ans, pendant lequel on continueroit l'établiffement de la prairie.

A mefure que cette prai-

rie fe formeroit, le Propriétaire augmenteroit le nombre des beftiaux & moutons
qu'il auroit confié à fon Fermier ; en l'obligeant d'élever & de nourrir tout ce
qui en naîtroit, & ne fe re-
fervant que la moitié du
produit des laines.

Il loueroit à raifon de
vingt fols l'arpent, c'eft-à-
dire, 300 liv. les terres de
chaque corps de ferme, qui
confifteroient en 300 ar-
pens. Ce premier bail, avec
le produit des laines, pour-

roit monter environ à 400 livres.

Le bail fuivant ne feroit encore que de fix ans. Dans le courant de ce bail, la baffe-cour ne pourroit être complette. Car quoique pour lors, toute la prairie fût établie, il faut faire attention que l'augmentation de la baffe - cour dépend beaucoup encore des pailles & des fourages; & que ces fourages ne peuvent augmenter qu'à mefure que les amendemens augmenteront. Cependant le Proprié-

taire continuant d'obliger le
Fermier à élever & nourrir
tout ce qui proviendra des
beftiaux, la baffe-cour s'ac-
croîtra de plus en plus. Il fe
refervera encore la moitié
du produit des laines. Le
prix des terres ne pourra être
augmenté que d'un tiers,
quoique les amendemens
aient pu être doubles : ainfi
au lieu de 300 liv. Le bail
pourra être de 400. Qu'on
y joigne la moitié des laines
qui feront auffi augmentées,
ce fecond bail pourra monter à 5 ou 600 liv.

Dans les deux premiers baux, il n'a été queſtion que d'augmenter la baſſe-cour & d'obliger les Fermiers à porter ſur les terres les fumiers qui en ſont provenus.

Le troiſiéme bail ſera de neuf ans. Pour lors la baſſe-cour pourra être complette; le nombre des grands beſtiaux pourra être de 30 à 35, & celui des bêtes blanches, pourra aller juſqu'à 400. La location ayant lieu tant pour les beſtiaux, que

pour les terres , & celle des
beftiaux , à raifon de ce qui
a été dit ci-deffus & de ce
qui eft d'ufage dans les campagnes , pourra monter environ à 5 ou 600 liv. Comme
dans le courant de ce troifiéme bail , les amendemens
peuvent fe faire proportionnément au befoin des terres,
& que tout le corps de ferme
peut être entiérement amendé , le prix des terres en au-
gmentera auffi confidérablement, & au lieu des 450 liv.
du bail précédent , il pour-

ra monter dans celui-ci juſqu'à 1000 liv. laquelle ſom-
me jointe avec les 5 à 600
liv. ci-deſſus, provenant de
la location de la baſſe-cour,
fera un revenu de 1500 liv.
Qu'on réduiſe toute cette
location à 1000 liv. ou 1200
liv. le Seigneur, de pauvre
qu'il étoit, ſe trouve déja
riche, & dans une abondance qui ne dépend que d'un
peu de ſoin & d'induſtrie.
Qu'on faſſe attention à un
produit ſi conſidérable, donné au bout de 12 ans ſeule-

ment, par des terres qui ne rapportoient rien.

Ce troisiéme bail expiré, celui qui sera renouvellé après, sera encore de 9 ans, de même que tous les autres qui suivront. Ce quatriéme bail, mettra le comble à tout ce que l'agriculture peut produire, & fera la fortune du Propriétaire. Dans le bail précédent, toutes les terres auront déja été amendées; dans celui-ci les amendemens seront renouvellés, avant que les effets de

de l'amendement précédent
ayent entiérement ceffés, la
baffe-cour fera complette,
tant en vaches qu'en mou-
tons ; la location pourra
donc être encore augmen-
tée, de même que celle des
terres ; & le total des deux
locations, montera aifément
jufques à 2000 liv. au moins.
Voilà donc au bout de vingt
ans, en commençant le quatriéme bail, un produit pro-
digieux. L'exemple du particulier cité dans l'article
précédent, fait bien voir

F

qu'il n'y a point d'exagéra-
tion dans le détail de l'augmentation graduée des
baux ci-deſſus ; ſur-tout ſi
l'on fait attention à l'expérience ſur la piéce de 24 arpens qui ne rapportoit rien
& qui étoit inculte.

Il eſt donc évident qu'un
Seigneur qui poſſéde un domaine de 1200 arpens dans
un terrain ſec, ſtérile, & inculte, qu'il aura partagé en
trois corps de ferme ; qui
aura fait des établiſſemens
de prairies & de baſſe-cour,

en se conformant à la proportion qui est indiquée tant
pour l'un que pour l'autre,
pourra en retirer plus de
7000 liv. de rentes, sans se
donner la peine de le faire
valoir par lui-même, pou-
vant louer & confier le tout
à des Fermiers, avec les seu-
les précautions qu'on a détaillées ci-dessus.

Après avoir partagé ce
domaine de 1200 arpens en
trois parties égales, pour
faire trois corps de ferme,
il n'est question que de con-

struire deux corps de bâtimens, puisqu'il en a déja un
pour faire valoir son do-
maine. Ces deux corps de
bâtimens y compris l'achat
des bestiaux & l'établissement de la basse-cour pour-
ront revenir chacun à environ 5000 liv. au plus, ce qui
ne fait que 10000 liv. pour
mettre dans la plus haute
valeur, & pour faire mon-
ter jusqu'à 150000 liv. un
domaine qui ne valoit tout
au plus que 10 à 12000 liv.
& qui ne rapportoit que 5
à 600 liv.

On voit par tout ces détails, qu'un particulier qui acheteroit des terres incultes en certaine quantité dans cette Champagne ftérile, à raifon de 5 liv. environ l'arpent, s'enrichiroit confidérablement ; & que dans la fuppofition qu'il en acheteroit douze cens, il parviendroit à faire un fond de 150000 liv. au moins, en faifant des établiffemens de prairies & de baffe-cour proportionnément au befoin des terres.

XV.

Il y a quelques obferva-
tions particulieres pour les
autres terrains, que ceux de
la Champagne.

On a dit qu'avec des pa-
turages proportionnés au
befoin des beftiaux pour
opérer les amendemens convenables, on étoit en état
de faire monter à la plus
haute valeur tout corps de
ferme, toute efpéce de domaine ; puifque la véri-
table fcience de l'agricultu-

re ne confifte qu'à bien con-
noître & à bien déterminer
ces deux proportions.

Cependant, il y a quel-
ques différences à obferver,
felon la nature des terrains.

On a vu ce qui fe doit
pratiquer dans les terrains
les plus fecs & les plus ftériles, & que la proportion
des prairies doit-être un
quart du total des terres;
parce qu'elle peut feule
fournir à la nourriture des
beftiaux, lefquels doivent
être d'autant plus nombreux

F iv

que les terres , plus ftériles ,
exigent des engrais plus forts
& plus confidérables.

Dans les pays où les ter-
res font bonnes ou médio-
cres, les engrais doivent di-
minuer à proportion de la
médiocrité ou de la bonté
de ces mêmes terres : ainfi ;
comme fur un arpent de terre bonne ou médiocre, il
ne faut qu'environ moitié
de l'engrais qu'on donne à
un arpent de terre feche &
ftérile, il ne faudra qu'environ moitié des paturages

dans ces mêmes endroits. La quantité des paturages fera donc réglée fur ce que le Laboureur & le Propriétaire jugeront néceffaire pour l'entretien d'une baffe-cour, qui puiffe tous les ans fournir les amendemens qui ont été prefcrits.

Dans les pays médiocrement bons, s'il ne s'y trouve pas affez de paturages, il fera facile d'y fuppléer par des fainfoins, tréfles, ou lufernes, &c.

Dans les pays gras où il

s'en trouve fuffifamment,
il ne fera queftion que de
proportionner la baffe-cour
au befoin des terres.

En un mot, dans tout
pays, dans tout canton, bon
ou mauvais, ce font tou-
jours les mêmes principes,
les mêmes régles , & l'ap-
plication en eft facile à tout
Laboureur qui a le fens
commun : tout fe réduit à
des engrais proportionnés
au befoin des terres , à des
beftiaux proportionnés à la
quantité des engrais, & à

des prairies proportionnées
à la quantité des beftiaux :
voilà toute la magie de l'a-
griculture.

XVI.

On peut obferver que
dans les pays de paturages,
où les Fermiers & Labou-
reurs ont facilement des beftiaux, un Propriétaire pourroit s'exempter du foin &
de la dépenfe de l'établiffement d'une baffe-cour. Il
lui fuffiroit dans un renouvellement de bail, d'affu-

jettir fon Fermier à avoir,
à élever & entretenir une
quantité fuffifante de beftiaux , pour que tous les
ans il puiffe amender le tiers
de la roie qui fe trouve en
bleds ; & que dans l'efpa-
ce de neuf ans, qui eft le
terme ordinaire de la durée
des amendemens , c'eft-à-
dire , dans le courant de fon
bail , tout fon corps de Ferme puiffe être amendé. Au
moyen de ces claufes , & autres qui ont été détaillées
ci-deffus , tout fe réduiroit

de la part du Propriétaire à faire les augmentations convenables de bergeries, d'écuries, & de granges, s'il en étoit befoin.

Dans les pays médiocrement bons, où il peut fe trouver quelques paturages, un Propriétaire pourroit encore trouver la même facilité avec un Fermier qui fe chargeroit de monter la baffe-cour, telle qu'il la faut pour le renouvellement néceffaire des amendemens, en l'affujettiffant à fuppléer

au défaut des paturages. Mais
lorſqu'il ne trouvera point
cette facilité, on croit avoir
ſuffiſamment démontré com-
bien il eſt important & facile
à tout Propriétaire de faire &
d'ordonner les établiſſemens
de paturage & de baſſe-cour
qu'il peut enſuite louer &
confier à ſon Fermier.

Ainſi, ſans ſe donner la
peine de faire valoir, tout
Propriétaire de telle condi-
tion & telle état qu'il puiſſe
être, dans tel pays & dans
tel canton bon ou mauvais

que puisse être situé son domaine, peut par lui-même
ou par son Fermier, se préparer une basse-cour qui lui
procure tous les ans, des
amendemens proportionnés
au besoin de ses terres.

XVII.

L'agriculture ainsi exer-
cée & pratiquée dans la
Champagne, & dans les au-
tres Provinces du Royaume,
enrichiroit la Campagne, &
tous les ouvriers & artisans
qui l'habitent.

Le Laboureur s'applique-
roit davantage à la culture,
il y seroit animé par les pro-
duits considérables qu'il verroit s'augmenter de plus en
plus : il ne seroit plus question d'un travail ingrat qui
rebute & décourage les plus
actifs & les plus industrieux.
Les enfans qui verroient venir l'abondance, ne seroient
plus tentés d'abandonner la
campagne, pour se refugier
dans les villes ; en un mot,
il en seroit de l'agriculture
comme du commerce ; ce-
lui-ci

lui-ci enrichit & peuple les villes : l'Agriculture enrichiroit & peupleroit la Campagne, & le Royaume en retireroit les plus grands avantages ; puifque la force réelle d'un Etat, confifte effentiellement dans la bonne culture & dans la population, qui font la baze & le fondement de tout ce qu'un Gouvernement peut faire & entreprendre.

Enfin, tous les impôts de taille, de capitation, d'induftrie, de vingtiéme qui font

G

aujourd'hui, fi onéreux, fe percevroient & fe paye-roient avec bien plus de facilité : les Milices & les corvées, ne feroient plus fi à charge ; puifque la po-pulation deviendroit beau-coup plus confidérable : par la fuite des temps, de com-bien n'augmenteroit - elle pas, étant l'effet néceffai-re & infaillible de l'abon-dance & de la fertilité. Le Royaume de France, qui eft fous un climat fi heureux, deviendroit le plus puiffant

& le plus formidable du
monde entier.

SECONDE PARTIE,

Idée d'un Bureau d'Agriculture.

O N vient de voir qu'il
est des moyens sûrs & fa-
ciles pour augmenter l'A-
griculture, & la rendre flo-
riffante, même dans les terrains les plus ingrats & les
plus ftériles. Il eft évident
que chaque Propriétaire eft
intereffé, pour fon propre
avantage, à ufer des moyens

proposés. Mais comme de ces avantages particuliers, il résulte un grand bien public, le Ministere doit aussi porter son attention sur ces objets, & favoriser, autant qu'il est en lui, les travaux de la Campagne.

Pour que cette protection ait lieu, & qu'elle se porte précisément aux endroits où elle est plus nécessaire, on ne peut guéres se dispenser d'établir dans la Capitale un Bureau pour l'Agriculture, à l'inſtar de celui du commerce, qui depuis ſon établiſſement a été d'une ſi grande utilité. Il y auroit des objets qui ne feroient pas moins importans que ceux du bureau du commerce : Nous allons en indiquer les principaux.

I.

Ce Bureau, au moyen des déclarations qu'il tireroit des Provinces & de toutes les Communautés qui les compoſent, ſauroit combien il y a dans le Royaume de terres cultivées ; combien il y en a qui font incultes, & pourquoi elles le font : il en feroit un état jufte & exact, & bien plus fidéle que celui qu'on n'a tiré jufqu'apréfent que fur des Cartes géographiques.

Par ces mêmes déclarations, on fauroit les noms de ceux qui poffedent fur chaque terroir, les principaux domaines & les principaux corps de ferme ; on pourroit les animer, les encourager à mettre leurs terres en pleine valeur ; la moindre marque de bienveillance & de protection accordée à quelques - uns d'eux , seroit un puissant aiguillon pour tous les autres.

La Noblesse seroit animée, dès qu'elle sauroit que les progrès de l'Agriculture la mettroient dans le cas d'être connue.

Dans le Clergé il se trouveroit des Bénéficiers qui par goût, par raison d'une occupation aussi honnête qu'u-

tile, n'héfiteroient pas de
fe fignaler dans l'Agriculture, & de mériter par-
là quelque diftinction dans
l'Etat.

Ce Bureau auroit donc
une relation avec tous ceux
qui travailleroient à la per-
fection de l'Agriculture; il
donneroit des idées à ceux
qui en auroient befoin; il
animeroit par des récom-
penfes & des diftinctions,
ceux qui auroient eu des
fuccès.

II.

La seconde opération de ce Bureau consisteroit à faire chaque année un état exact de tous les habitans des Provinces & de tout le Royaume ; & un autre , du montant de la récolte des bleds dans toutes les Provinces.

On sait que pour la subsistance de chaque habitant , il faut environ trois septiers mesure de Paris. En réduisant à cette mesure toutes les récoltes, on verroit s'il y a suffisamment de bleds en France, en quelles Provinces il n'y en a pas assez, & quelles sont celles où il y en a plus qu'il n'en faut ; l'excédent du nécessaire des bleds & les cantons où se trouveroit la disette, paroîtroient au premier coup d'œil.

Il est certain qu'en France il y a toujours des bleds suffisamment, & que chaque année il s'y trouve ordinairement un excédent dont il est important d'avoir connoissance. Ce Royaume est assez vaste pour que dans la multiplicité des Provinces qui le composent, la stérilité des unes soit même plus que compensée par la surabondance des autres.

Cet excédent seroit transporté dans les Provinces qui pourroient en avoir besoin, ou emporté hors du Royaume, selon les occurrences. On ne seroit plus dans le cas de faire venir des bleds étrangers lorsqu'il seroit question d'un approvisionnement extraordinaire pour la Capitale.

Car c'est faute d'avoir
sçu ce qu'il y avoit dans les
Provinces de France, qu'on
a été obligé de tirer d'Angleterre dans les années
1748, 1749 & 1750,
plus de 42000 muids de
bleds, tandis qu'il y avoit
des Provinces où le bled
étoit sans débit & à vil prix.

III.

La troisiéme opération de
ce Bureau auroit pour objet d'aider le Commerce &
le débit des bleds dans l'in-

térieur du Royaume, & de maintenir dans toutes les Provinces un prix raisonnable, suffisant d'un côté pour récompenser l'industrie & le travail du Laboureur; & de l'autre, pour nourrir le peuple avec une juste aisance; car si le vil prix des bleds décourage le Cultivateur en lui ôtant le salaire de sa peine, il n'est pas moins contraire aux véritables intérêts du peuple, qui en abuse ordinairement & se laisse aller à la paresfe, quand la néceffité ne le preffe point au travail.

Il eft vrai que le Commerce & le débit des bleds dans l'intérieur du Royaume eft déja autorifé par un Arrêt du Confeil du 17 Septembre 1754, qui permet même la fortie des bleds par quelques portes. Mais cette loi, dont les avantages peuvent être encore augmentés, feroit perfectionnée dans fes détails, par les connoiffances du Bureau, qui fauroit d'où on pourroit ti-

rer

rer les bleds, pour en fournir aux Provinces qui n'en auroient pas suffisamment.

En France le Commerce peut se faire bien facilement d'une Province à l'autre, & même jusques dans les Provinces les plus éloignées ; puisqu'il n'y a point de Royaumes dont les parties soient mieux liées par des rivieres navigables, par des canaux faits de mains d'hommes, & sur-tout par de grands chemins qui font l'admiration des étran-

H

gers, & qui immortaliſe-
ront le Miniſtre * à qui la
France en eſt redevable.

Quand on verra l'établiſ-
ſement d'un Bureau d'Agriculture, & qu'on ſçaura que
le Gouvernement eſt dans la
diſpoſition de favoriſer le
commerce des bleds, il
ſe préſentera des Marchands
& des Entrepreneurs en
grand nombre, qui ſe char-
geront de fournir des bleds
abondamment par-tout où
il en ſera beſoin.

* Mr de Trudaine.

IV.

La quatriéme opération de ce Bureau, consisteroit à autoriser & à faciliter l'exportation des bleds selon leur état dans le Royaume. La connoissance qu'il auroit tous les ans de la quantité de bleds qui se trouvent en France & dans tous les Provinces, & de l'excédent qui pourroit s'y trouver, le mettroit en état de régler & de déterminer la quantité de bleds dont on pourroit permettre la fortie, & enfuite les Provinces dont on pourroit les tirer.

On fçait par les Etats de l'Angleterre, que l'exportation hors de ce Royaume, lui procure au moins tous les ans, 25 à 30 millions; les Commerçants y font même animés par des récompenfes proportionnées à leurs exportations; parce qu'on y a obfervé que plus les exportations font confidérables, plus il y a de fertilité & de culture dans le

Royaume ; la peine & l'induftrie étant toujours proportionnée à fa récompenfe.

Quand l'exportation fera
devenue en France, auffi li-
bre qu'elle l'eft en Angleterre, & qu'on fera parvenu a y établir ce qui pourra l'autorifer fans en crain-
dre les fuites, il eft certain
que notre exportation fera
tomber celle des Anglois.

Notre culture eft beau-
coup plus aifée & beaucoup
moins couteufe que la leur ;
& comme nous ferions en état

de donner nos bleds à meilleur compte, il n'y a point
de doute que les étrangers
ne nous donnaffent la préférence, par cette raifon, & par
une autre encore, qui eft la
meilleur qualité de nos bleds
toujours plus fecs, plus or-
veux, plus péfans & plus ai-
fés à garder en magafins.

V.

Depuis que le commerce
des bleds, en Angleterre eft
favorifé tant au dehors qu'au
dedans, on s'eft bien moins

reſſenti des malheurs de la diſette. Le même effet auroit lieu en France, parce que plus on débite de bleds, plus les cultivateurs ſont animés & encouragés à perfectionner l'agriculture.

Pour prevenir ces malheurs, on pourroit encore employer deux moyens.

On convient aſſez généralement, que les greniers publics ſont ſujets à une infinité d'inconvéniens auxquels nulle loi ne peut efficacement remédier. Il eſt

essentiel que les denrées qui
demandent des soins pour
être confervées, ne foient
confiées qu'aux perfonnes
intéreffées à leur conferva-
tion : il faut que ces perfonnes foient punies par la
perte, & récompenfées par
le gain, des bonnes & des
mauvaifes qualités des bleds,
qu'elles auront bien ou mal
achetés, bien ou mal confer-
vés & nettoyés ; en un mot, il
faut que leur fortune répon-
de de leur attention & de leur
zéle, non feulement à fervir,

mais à bien fervir le public.

Il fe préfente pour cet effet deux autres moyens; le premier, feroit de permettre aux particuliers commerçans, de faire des magafins de bleds à certaines conditions, qui pourroient fervir de reffources dans les befoins de l'Etat, fans cependant trop gêner leur commerce.

L'autre, feroit d'obliger toutes les Communautés réguliéres à conftruire des gréniers & à fe pourvoir tous

les ans, outre leur approvi-
fionnement annuel, d'une
certaine quantité de bleds
proportionnée à leurs facul-
tés ; quantité qu'elles pourroient vendre tous les ans,
à leur profit, en la remplaçant par une autre pareille
quantité de bleds nouveaux.

Peut-être même, qu'en
adoptant ces deux genres de
magafins, & qu'en les op-
pofans les uns aux autres,
on auroit un moyen infaillible de prévenir les mono-
poles des Commerçans ; par-

ce que les magaſins des Communautés étant à la diſpoſition de l'Etat, & ceux des Marchands ſeroient obligés de ſuivre le taux de ceux des Communautés. Car, ce qui occaſionne ordinairement la grande cherté des bleds , n'eſt pas tant la ſtérilité de l'année , que l'avidité de tous les Marchands, ou autres qui ont des greniers , & qui les ferment auſſi-tôt qu'ils ſont informés de la médiocrité de la récolte.

Tous ces greniers qui feroient ainfi répandus dans toutes les Provinces, conferveroient plus de bleds qu'on n'en fait venir des pays étrangers dans des temps malheureux.

Ce projet de greniers, n'eft pas nouveau ; l'exécution en avoit été ordonnée il y a quelques années : mais feulement dans les Communautés réguliéres de Paris & des environs.

Je fuis, &c.

www.ingramcontent.com/pod-product-compliance
Lightning Source LLC
Chambersburg PA
CBHW060147100426
42744CB00007B/929